글 유다정

아이들의 지적 호기심을 채워 주기 위해, 올바른 지식을 재미있게 알려 주기 위해 늘 노력합니다. 2005년 창비 '좋은 어린이책' 기획 부문 대상을 받았습니다. 지은 책으로 《눈빛 여우와 모랫빛 여우》《지구를 구하는 발명책》《거인의 눈이 태양이라고?》《어른이 되는 날》《한 걸음 더 들어가는 불》《한 걸음 더 들어가는 콩》 등이 있습니다. 일상 속에서 많은 것을 발견하는 힘을 기르도록 도와주기 위하여 〈한 걸음 더 어린이 인문학〉 시리즈를 쓰고 있습니다.

그림 심지수

영상디자인을 전공했지만 어릴 적부터 그림을 워낙 좋아했습니다. 다양한 그림책과 동화책을 읽어오며 그림에 더욱 흥미가 생겼고, 물음표를 달고 시작한 그림은 작가를 꿈꾸게 했습니다. 좋은 글과 좋은 그림은 어린이들에게 꿈을 키울 수 있는 씨앗이 된다고 생각합니다. 그린 책으로는 《한 걸음 더 들어가는 불》이 있습니다.

한 걸음 더 어린이 인문학 ③

유다정 글 | 심지수 그림

초판 인쇄일 2018년 11월 5일 | **초판 발행일** 2018년 11월 17일
펴낸이 조기룡 | **펴낸곳** 내인생의책 | **등록번호** 제10호-2315호
주소 서울시 서초구 나루터로 60 정원빌딩 A동 4층
전화 02)335-0449, 335-0445(편집), 512-0449(디자인) | **팩스** 02)6499-1165
편집 백재운 | **디자인** 위하영

ISBN 979-11-5723-428-8 (77080)
　　　979-11-5723-347-2 (세트)

* 책값은 뒤표지에 있습니다.
* 잘못된 책은 구입처에서 바꾸어 드립니다.

이 도서의 국립중앙도서관 출판예정도서목록(CIP)은 서지정보유통지원시스템 홈페이지(http://seoji.nl.go.kr)와 국가자료공동목록시스템(http://www.nl.go.kr/kolisnet)에서 이용하실 수 있습니다(CIP제어번호 : CIP2018034718).

내인생의책에서는 참신한 발상, 따뜻한 시선을 가진 원고를 기다리고 있습니다. 원고는 내인생의책 전자우편이나 홈카페를 이용해 보내 주세요. 여러분의 소중한 경험과 지식을 나누세요.

전자우편 bookinmylife@naver.com | **홈카페** http://cafe.naver.com/thebookinmylife

어린이제품 안전 특별법에 의한 제품 표시
제조자명 내인생의책 | **제조 연월** 2018년 11월 | **제조국** 대한민국 | **사용연령** 5세 이상 어린이 제품
주소 및 연락처 서울시 서초구 나루터로 60 정원빌딩 A동 4층 02)335-0449 | **담당 편집자** 백재운

유다정 글 | 심지수 그림

내인생의책

꿀꿀꿀 꿀꿀 꿀……

숲에서 살던 돼지

다다다 달려 사람 곁으로!

뭉뚝한 코에 뽕뽕 뚫린 구멍이 두 개,
돌돌 말린 꼬리, 퉁퉁한 몸, 짧은 다리!
돼지 하면 뭐가 생각나니?

돼지는 더러워.
돼지는 게으름뱅이야.
돼지는 멍청이야.
돼지는 먹는 욕심밖에 없어!

정말 그럴까?
혹시 돼지가 이 말을 듣고 억울하다고
꾸에엑 소리치지 않을까?
음, 그렇다면 돼지에 관해 샅샅이 알아봐야겠어!

돼지가 사람과 함께 살기 시작한 건 아주 오래전 일이야.
사람들이 한곳에 정착해 살기 시작한 신석기 시대부터거든.
"산에 사는 멧돼지를 잡아서 집에서 키우자!"
"잘 키우면 새끼도 많이 낳을 거야.
고기 먹고 싶으면 언제든 잡아먹을 수 있겠지?"

좋아, 좋아!

지금으로부터 약 9,000년 전에 중국이나 서아시아에 사는 사람들이 멧돼지를 잡아다 키우기 시작했어. 야생 멧돼지가 가축이 된 거야. 가축은 사람이 길들여서 키우는 동물이야. 그러니까 소, 말, 양, 닭도 다 가축! 돼지는 얼마 지나지 않아 아프리카, 유럽, 아시아에서도 가축으로 길러졌어. 지금은 세계 곳곳에서 수많은 돼지가 길러지고 있어.

돼지는 아무거나 잘 먹어.

상한 과일을 **우적우적** 먹고,
채소를 **짭짭**, 구정물은 **후루룩 후룩**,
작은 벌레도 **짜금짜금**, 사료도 **야금야금**

그래서 돼지는 빨리 자라.
꿀꿀 귀엽게 울던 새끼 돼지가
꾸우울꾸울 우렁차게 우는 어른이 되는 데
일 년도 걸리지 않거든.

또 돼지는 새끼를 많이 낳아.

한 마리, 두 마리, 세 마리, 네 마리……. 한꺼번에 10마리도 낳을 수 있어.
분홍빛 새끼 돼지들이 엄마 젖을 쪽쪽 빠는 걸 보면 얼마나 귀여운지 몰라.
돼지는 새끼도 어미도 모두 목욕을 좋아해서
질퍽질퍽 미끌미끌 진흙탕에서 마구 뒹굴며 놀기를 즐겨.
몸을 더럽히는 게 아니야. 땀구멍이 없는 돼지가 몸의 열을 내보내기 위해
진흙 목욕을 하는 거야.

돼지는 더위에 약하거든.

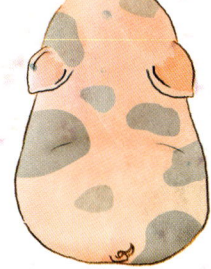

사람과 함께한

돼지가 만든

풍요와 기원의 문화 속으로!

돼지꿈 꾸면 좋겠어!

사람들이 왜 돼지꿈을 꾸고 싶어 하는지 알아?
돼지가 부자로 만들어주고, 복을 준다고 믿기 때문이야.
그래서 어른들은 돼지꿈을 꾸면 복권을 사기도 해. 빨리 부자가 되고 싶으니까.

우와, 우리 돼지가 새끼를 13마리나 낳았어요!

돼지가 한꺼번에 여러 마리의 새끼를 낳고, 새끼들은 금세 쑥쑥 자라 어른이 돼.
그럼 여러 마리가 새끼를 쑥쑥 낳을 테니 부자 되는 건 시간문제!
돼지가 부와 복을 상징하는 동물이 될 만하지?

'티끌 모아 태산'이란 속담이 있어.

아무리 작은 것도 조금씩 쌓이면 커진다는 거야.
이 속담에 딱 맞는 것이 돼지 저금통이야.
돼지 저금통에 **한 푼, 두 푼** 모으다 보면 어느새 돈이 많아지잖아.
그런데 왜 돼지는 저금통이 되었을까? 그 유래를 아니?

동양에서 돼지는 부와 복을 상징하기에 돼지 저금통을 쓰게 되었고,
서양의 돼지 저금통은 중세 유럽 사람들이 동전을 담아 두던 그릇에서 시작되었어.
pygg라는 찰흙으로 만들던 동전 그릇을 piggy bank로 부르게 된 거야.
piggy는 돼지란 뜻이고, **bank**는 은행이란 뜻이거든.
또 다른 유래는 미국에서 생겼어.
"용돈으로 돼지 새끼를 사서 어려운 이웃을 도울 거야."

미국에 사는 윌버라는 아이가 이런 기특한 생각을 하고 새끼 돼지를 잘 키워서 판 거야.
그 돈은 당연히 어려운 이웃에게 주었고.
그 소식은 옆집으로 퍼지고, 마을로 퍼지고, 이웃 마을로 퍼지고, 머나먼 지역까지 퍼졌어.

우리도 돼지 저금통을 만들어 이웃을 도웁시다!

윌버를 보고 수많은 사람이 돼지 저금통을 만들어 이웃을 돕기 시작했단다.
미국에 전해지는 돼지 저금통의 유래야.

비나이다, 비나이다, 비나이다……

우리나라 사람들은 오래전부터 신께 소원을 비는 고사를 지냈어.
집을 지을 때나 새로운 일을 시작할 때, 차를 샀을 때처럼 특별한 일이 있을 때
상을 간단하게 차려 놓고 소원을 비는 거야.
지금도 이어지고 있는 우리 문화지.
고사를 지낼 때 절대 빠지지 않는 것이 돼지머리야. 빙그레 웃는 돼지머리!

나쁜 일은 막아주시고, 좋은 일만 생기게 도와주세요.

사람들은 상에 절을 하고 나서 돼지 입에 돈을 꽂으며 복을 기원한단다.

비야 비야 내려라, 주룩주룩 내려라……

예전에는 대부분의 사람이 농사를 지으며 살았어.
그런데 비가 오래도록 내리지 않으면 농작물이 다 말라 죽어.
그럴 때 비를 내려 달라고 하늘에 기우제를 지내지.

그런데 말이야,
기우제를 지낼 때 물이 고여 있는 연못이나 호숫가에 돼지 피를 뿌리기도 하고,
돼지를 통째로 물속에 풍덩 던지기도 했어.
그럼 연못이나 호수에 사는 용이 비를 내리게 할 것이라 믿었거든.

으악, 돼지 때문에 우리 집이 더러워졌어. 얼른 비를 내려야겠어!

이러면서 비를 내릴 것이라 믿은 거야.
물을 다스리는 용은 비를 내리게 하는 능력을 갖고 있다고 믿었거든.

파푸아뉴기니라는 나라 알아? 태평양 한가운데 있는 섬나라야.
그 나라에선 돼지가 엄청 특별한 존재야.
뉴기니 사람들은 새끼 돼지를 애완견처럼 데리고 다니며 정성껏 돌봐.
사냥 나갔다가 어미 돼지를 잡으면
새끼를 데려다 사람 젖을 먹여서 키우기도 해.

돼지는 소중한 재산이거든.

뉴기니 남자는 결혼할 때 돼지가 꼭 필요해. 신부를 데려오려면 돼지를 줘야 하니까.

돼지가 없는 가난한 남자는 결혼하기가 너무 어려울 거야. **에그, 어쩌나?**

돼지를 애지중지할 수밖에 없겠지?

돼지는 축제의 주인공이 되기도 해.

세계 여러 나라에서 돼지 축제가 열리거든.
돼지를 특별하게 여기는 뉴기니에서도 돼지 축제가 열려.
뉴기니 사람들은 돼지를 애지중지 잘 키우다가
너무 많아지면 **카이코**라는 돼지 축제를 열어.

돼지를 잡아 실컷 먹고, 다른 부족에게 선물도 하자.

카이코 축제가 시작되면 새끼를 낳을 수 있는 몇 마리의 돼지만 남겨놓고
모두 잡는단다.
그러니 한동안 못 먹었던 돼지고기를 실컷 먹을 수 있는 거야.
사이좋은 부족에게 선물할 수도 있고.
하지만 축제가 끝나면 다시 돼지를 잡아먹지 않고 애지중지 기른단다.
참 독특한 문화야.

프랑스에선 해마다 돼지 챔피언을 뽑는 축제가 열려.
작달막하고 통통한 돼지가 우승할 거야. 가장 돼지다우니까.
또 사람이 돼지를 흉내 내는 시합도 열리는데 어찌나 웃긴지 몰라.
돼지처럼 꽤애액 꽥 소리 지르기, 돼지처럼 킁킁 컹컹 대기,
돼지처럼 머리로 밀치며 싸우기, 돼지처럼 다다다다 달리기…….

아하하하하 …… 아이고, 웃겨 죽겠네!

구경꾼들은 눈물 질질 흘리며 웃다가 배꼽 잡고 쓰러지기까지!
프랑스뿐 아니라 미국이나 영국 곳곳에서도 돼지 챔피언을 뽑는 축제가 열린단다.

돼지는 멍청하다는
편견을 와장창 깨고
사람을 돕고 역사를 바꾼

위대한 돼지!

킁킁 킁킁……

개랑 돼지랑 냄새 맡기 시합하면 누가 이길까?
놀라지 마. 개보다 돼지가 냄새를 더 잘 맡아. 그러니 당연히 돼지가 이길 거야.

돼지가 개보다 냄새 맡는 후각 수용체가 더 많거든.

"돼지랑 송로버섯 찾으러 가자!"
프랑스 사람들은 오래전부터 송로버섯을 찾을 때 돼지를 데리고 다녔어.
송로버섯은 맛과 향이 좋아서 여러 음식에 쓰이는데
땅속에서 자라다 보니 찾기가 너무 어려워. 그래서 값이 아주 비싸지.
돼지는 이곳저곳 킁킁거리며 다니다가
송로버섯을 발견하면 넓적한 주둥이와 발굽으로 땅을 마구 헤집기 시작해.
그럼 얼른 가서 돼지를 떼어 놓아야 해.
아니면 돼지가 비싼 버섯을 우적우적 와그작 와작 먹어버릴 테니까.

돼지가 나라의 수도를 바꿔놓기도 했어.

에이, 말도 안 된다고? 진짜야.
그 일은 고구려 시대에 일어났어.
고구려의 두 번째 왕인 유리왕이 나라를 다스릴 때 일이야.
돼지를 제사 지낼 때 제물로 쓰려고 정성 들여 키웠는데
어느 날 쏜살같이 달아나버렸지 뭐야.

당장 잡아 오너라!

왕의 명령으로 신하들이 돼지를 찾아 부리나케 떠났어.
그런데 며칠 만에 신하들이 돌아와서 그러는 거야.
"돼지를 쫓아 국내성 위나암에 갔는데 그곳은 산이 깊어 적의 침입을 막기 좋고,
땅이 기름져 농사를 짓기에도 딱 좋고,
산짐승이나 물고기도 많아 사람이 살기 아주 좋은 곳이었습니다."
유리왕은 그 말을 듣고 곰곰 생각하다가 수도를 국내성으로 옮기기로 했어.

그러니까 돼지가 고구려의 수도를
졸본성에서 국내성으로 옮기게 한 거야.

아주 오래된 역사책 《삼국사기》에 이런 이야기가 다 적혀 있어.

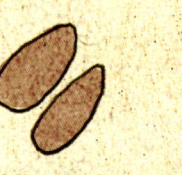

돼지가 세계의 역사도 바꿔 놓았다면 믿을 수 있겠어?

유럽 사람들은 옛날부터 돼지, 소, 홍학, 칠면조, 닭 등으로 만든
고기 요리를 좋아해서 자주 먹었어.
그중에 돼지고기를 가장 많이 먹었지.
그런데 돼지고기로 요리를 할 때 후추 같은 향신료를 넣지 않으면 누린내가 심한 거야.
향신료를 사용하면 세균의 번식을 막을 수 있어 고기가 쉽게 썩지 않고,
고기에서 나는 특유의 누린내도 잡을 수 있으니 너도나도 향신료를 갖고 싶어 했지.
하지만 향신료로 쓰이는 후추의 값이 아주 비쌌단다. 후추나무는 동양에서만 자랐거든.

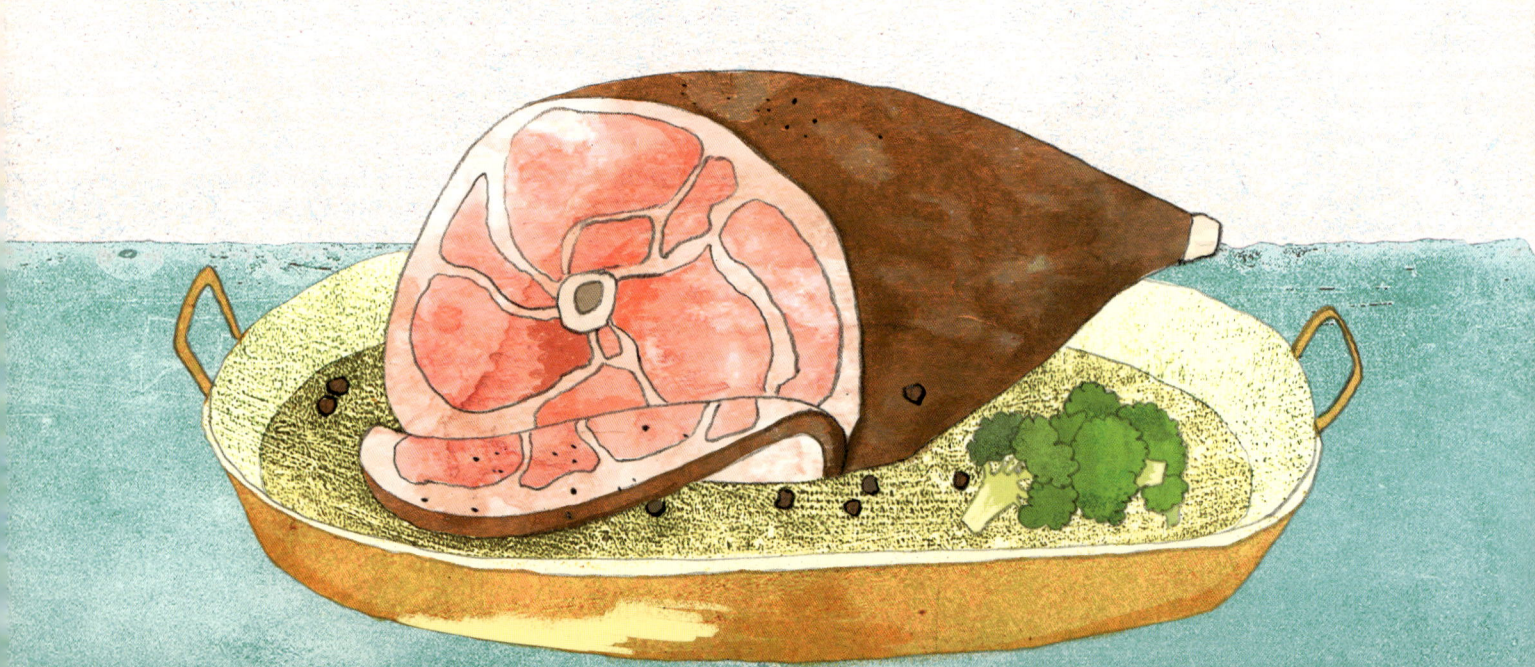

후추를 찾아 길을 떠나자!

콜럼버스가 후추를 구하러 인도로 가다가 아메리카 대륙을 발견했고,
마젤란이 세계 일주를 한 것도 후추를 구하기 위해서였단다.
바스쿠 다가마가 인도 항로를 개척한 것도 후추를 얻기 위해서였어.
그러니까 돼지 덕분에 세계가 넓어지고, 동양과 서양의 교류가 활발해진 거야.

아이고, 예쁘네. 우리 아기 어쩜 이리 예쁠까?

작고 귀여운 미니돼지를 애완동물로 키우는 사람들이 있어.
그들은 돼지에게 예쁜 옷도 만들어 입히고,
맛있는 먹이도 주고, 같이 산책하기도 해. 포근한 잠자리도 제공하고.
돼지도 귀여운 점이 아주 많거든.

돼지도 개나 고양이처럼 오줌이랑 똥도 가릴 줄 알고
애교도 잘 부려.
훈련을 시키면 앉고, 일어서고, 인사도 할 수 있어.
돼지가 훈련을 통해 간단한 컴퓨터 게임을 할 수도 있단다.
대단하지?

돼지와 무슨 게임을 하면 재미있을까?

돼지가 사람의 병도 치료해 줄 수 있어.

요즘 성인병 중의 하나인 당뇨병에 걸리는 사람이 많아.
당뇨병은 완전한 치료가 어려운 병이야. 그러니 인슐린으로 관리를 잘하는 게 아주 중요해.
그런데 당뇨병 치료제인 인슐린을 어떻게 얻는지 알아?
얼마 전까지 돼지의 장기에서 인슐린을 뽑아내서 당뇨병 환자에게 투여했어.
돼지가 사람의 병을 치료해 준 거야.

지금은 과학의 발달로 미생물을 이용해 인슐린을 생산하고 있어.
인슐린 생산에 더는 돼지가 사용되지 않는 거야. 하지만 사람들은
돼지를 더 많은 곳에 쓰기 위해 연구하고, 또 연구한단다.
"돼지를 이용하여 인공장기를 만들어 사람에게 이식합시다!"

돼지를 이용해 더 많은 질병을 연구합시다!

우리나라를 비롯하여 미국, 일본 등에서 돼지를 의료용으로 쓰기 위해
활발히 연구하고 있단다.

불판 위에서 지글지글

　　　솥 안에서 보글보글

머리부터 발끝까지 버릴 것 하나 없는

맛있는 돼지!

돼지는 정말 버릴 것이 하나도 없어.

머리부터 발끝까지 다 먹을 수 있거든. 창자까지도!
돼지는 다양한 요리의 재료로 세계 여러 나라에서 사랑받고 있어.
영양가도 높고, 맛도 좋으니까.
그런데 유대교나 이슬람교를 믿는 사람이 많은 중동에서는 돼지고기를 먹지 않아.
종교적인 가르침 때문이야.
유대교는 구약 성서에, 이슬람교는 쿠란에
돼지는 부정하니 먹지 말라고 가르쳐.

유대교나 이슬람교에서
돼지고기를 먹지 않는 이유가 뭘까?

중동의 환경과 관계가 깊어.

중동은 덥고 건조해서 돼지를 키우기가 너무 어렵거든.

돼지는 더위에 약해서 진흙 목욕으로 몸의 열을 내보내야 하는데
중동엔 진흙탕이 없고, 또 돼지는 물을 많이 먹어야 하는데 중동은 물 구하기가 어렵거든.
그러니까 키우기 어려운 돼지를 부정한 동물로 여기게 되었고, 종교에도 영향을 끼친 거야.

우리나라 사람도 돼지고기를 좋아하고 자주 먹어. 맛있으니까.
돼지고기 하면 삼겹살이 최고야!
우리나라 사람이 삼겹살을 얼마나 좋아하면 삼겹살 먹는 날까지 만들었겠어.
삼겹살 먹는 날은 3월 3일!
삼겹살을 먹을 땐 야들야들 상추 위에
돼지고기 한 점을 새우젓 콕 찍어 올리고,

쌈장도 조금 넣고 야무지게 싸서 입안으로 **쑤욱!**
야물야물 씹으면 그 맛이 최고야.
우리가 좋아하는 돼지고기 요리는 삼겹살 말고도 정말 많아.
갈비, 돼지고기볶음, 순대, 족발, 오삼불고기, 바비큐, 감자탕, 돼지 껍질…….
아, 다 먹고 싶다!

삶아 먹고, 구워 먹고, 지져 먹고, 볶아 먹고,
고아 먹고, 찜해 먹고……

날이 자꾸 추워져, 얼른 김장하자!

우리 민족은 오래전부터 본격적인 추위가 오기 전
겨우내 먹을 김장을 하였어.
김장김치는 소금에 절인 배추에 여러 채소와 양념을 섞어 만든
소를 **솔솔** 넣어 만들지.
김장은 추운 겨우내 먹을 김치를 한꺼번에 많이 담는 거야.
아직도 이어지는 우리 고유의 문화유산이자 유네스코에 등재된
세계 문화유산이야.

그런데 김장하는 날 갓 버무린 김치와 같이 먹는 음식이 있어.
바로 돼지고기를 푹 삶아낸 수육이야.
잘 절인 배춧잎에 보들보들 수육을 넣고 김칫소를 올려 먹으면
그 맛이 꿀맛이거든.
돼지고기를 김치와 같이 먹으면 소화가 잘되고, 영양도 더 좋아져.
한 마디로 김장김치와 수육은 **찰떡궁합**이란다.

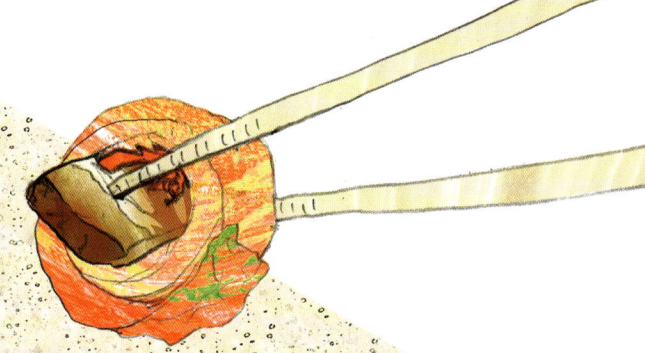

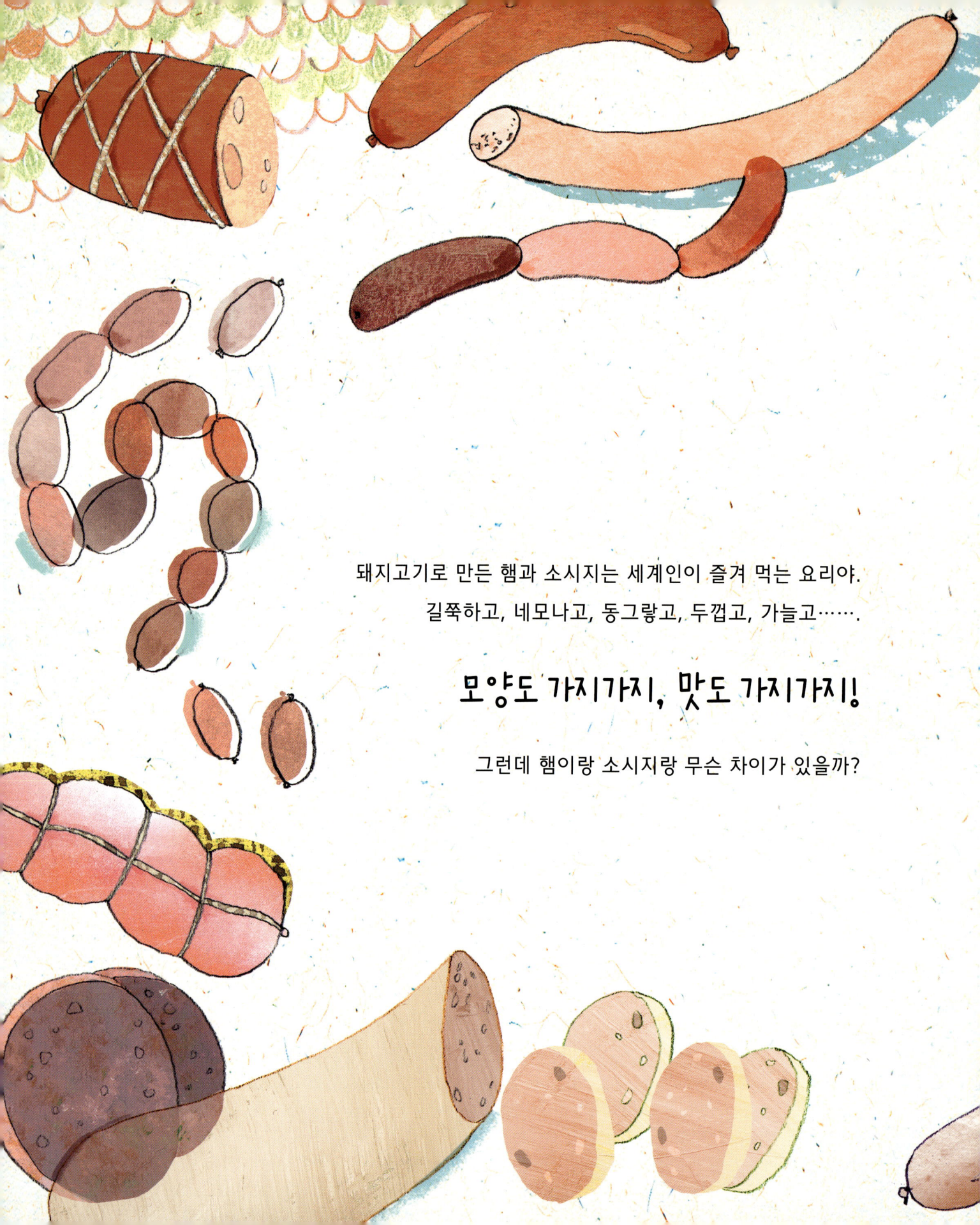

돼지고기로 만든 햄과 소시지는 세계인이 즐겨 먹는 요리야.
길쭉하고, 네모나고, 동그랗고, 두껍고, 가늘고…….

모양도 가지가지, 맛도 가지가지!

그런데 햄이랑 소시지랑 무슨 차이가 있을까?

햄은 돼지고기를 소금에 재어 놓았다가 연기를 쐬어
오래 두어도 상하지 않게 만든 것이고,
소시지는 돼지고기를 갈아서 창자에 넣고 만든 거야.
소시지는 오래 두면 상하기 때문에 얼른 먹어야 한단다.
햄이랑 소시지는 유럽에서 만들어 먹기 시작하여 세계로 퍼졌어.
덕분에 우리도 여러 종류의 햄과 소시지를 먹을 수 있지.

좁은 우리 안에서

이빨 잘리고 꼬리 잘리고

슬프게 울어대는
돼지들!

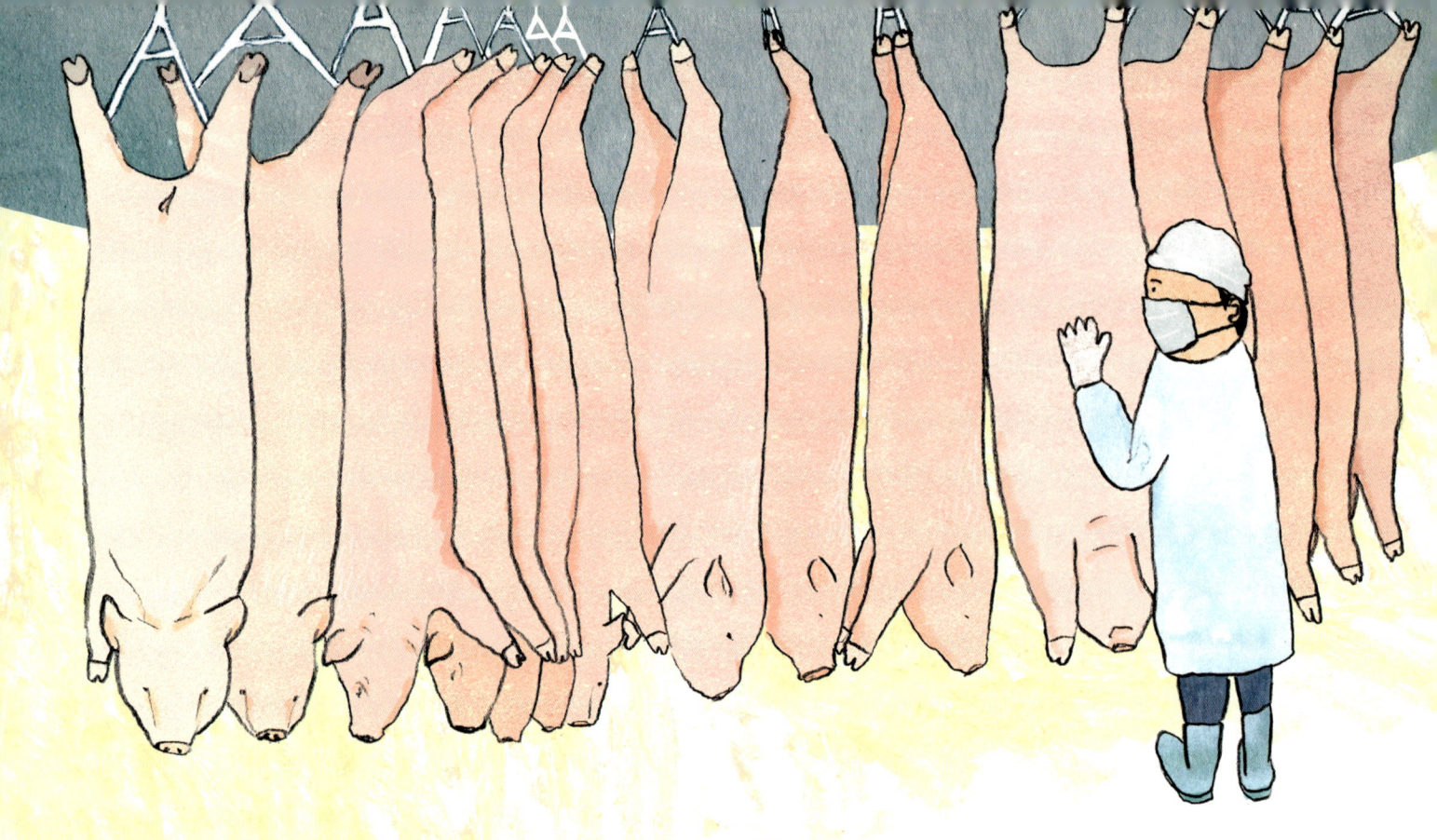

세계 사람이 한 해에 고기를 얼마나 먹을까?

2014년 기준으로 257,188,000,000kg이야. 엄청나게 먹고 있는 거야.
그중에 돼지고기를 가장 많이 먹고, 다음은 닭고기, 그다음은 쇠고기야.
쇠고기와 닭고기는 미국 사람이 가장 많이 먹어.

그럼 돼지고기는 어느 나라 사람이 가장 많이 먹을까?
중국이야.

중국은 13억 명도 넘는 사람이 사는데 대부분이 돼지고기를 무척 좋아하거든.
세계에서 소비되는 돼지고기의 반 이상을 중국 사람이 먹는단다.
중국은 돼지고기를 가장 많이 먹는 나라답게 돼지를 가장 많이 기르는 나라야.
4억 마리도 넘는 돼지를 기르거든. 우리나라는 약 천만 마리를 길러.

사람들이 돼지고기를 많이 먹으니 돼지 수를 자꾸 늘려야 해.

그 결과 돼지는 좁디좁은 우리에 갇히게 되었어.

돼지는 너무 좁아 몸을 움직이기조차 어려운 우리에서 날마다 사료를 먹고,
얼른얼른 살을 찌우는 일밖에 할 수 없단다.
돼지도 맘대로 돌아다니며 살고 싶을 텐데…….
그거 아니? 새끼 돼지가 태어나면 가장 먼저 이빨을 잘라.
또 꼬리도 뎅강 잘라. 강제로!
좁은 우리에서 바글바글 살다 보면 싸울 수도 있잖아.
싸울 때 상처 나지 않게 하려고 그러는 거야.

돼지도 넓고 깨끗한 곳에서 행복하게 살 권리가 있어!

다행히 동물도 행복할 권리가 있다고 외치는 사람들이 늘어나고 있어.
그 결과 돼지가 사는 환경이 조금조금 변하고 있어. 아주 조금씩!
아직 걸음마 단계지만 친환경적으로 기르려는 사람이 생겨나고 있는 거야.
돼지도 행복할 권리가 있으니까.

오, 이를 어째? 돼지들이 다 죽게 생겼어!

돼지를 기르는 사람이 울면서 소리쳤어.
가축 전염병 구제역이 발생했거든.
돼지가 구제역에 걸리면 콧등, 혀, 젖꼭지 등에 물집이 생기고,
몸에 열이 나면서 심하게 앓다가 죽을 수도 있어.
특히 새끼 돼지가 구제역에 걸리면 면역력이 약하기 때문에
떼죽음을 당하기도 해.

구제역은 전염성이 매우 강해서 금방 퍼진단다.
한 마리가 구제역에 걸리면 금세 전체로 퍼지고, 옆 마을로 퍼지고…….
그래서 구제역이 발생한 곳의 돼지는 팔 수도, 다른 곳으로 옮길 수도 없어.
더 넓은 지역으로 퍼지면 큰일이니까.

꾸왝 꾸웨액 꾸엑…….

구제역을 막기 위해 수많은 동물이 산 채로 땅에 묻히는 일도 있어.
끔찍한 일이지만 남아있는 돼지를 살리기 위한 어쩔 수 없는 선택이란다.

오랜 옛날부터 사람과 함께 살면서
문화 속으로, 신앙 속으로, 경제 속으로 들어왔을 뿐 아니라
맛있는 음식으로, 영양가 높은 음식으로 우리를 기쁘게 해주는 돼지!
알고 보니 참 고마운 동물이지?

꿀꿀 돼지야, 고마워!

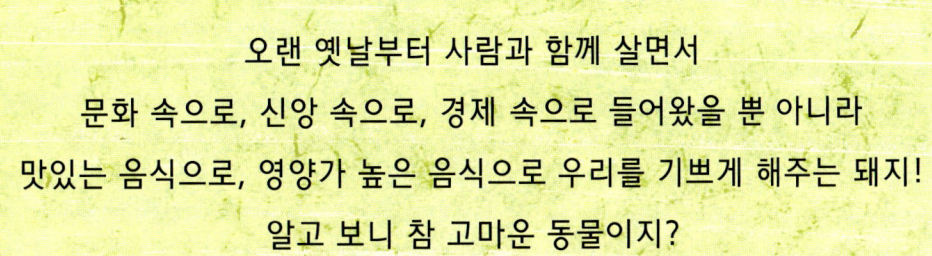

한 걸음 더 어린이 인문학

우리가 몰랐던 '한 걸음'의 중요성, 왜 한 걸음 더 들어가야 해?

새로운 생각은 한 걸음 더 자세히 알아보는 데에서 나올 수 있습니다.

이 시리즈는 일상 속에서 많은 것을 발견하는 기쁨을 찾아주고자 합니다.

당연하던 것을 궁금해할 때, 한 걸음 더 들어갈 수 있을 거예요.

〈한 걸음 더 어린이 인문학〉 시리즈는 이렇게 시작되었습니다.

❶ 한 걸음 더 들어가는 **콩**
유다정 글 | 송혜선 그림
값 14,000원

우리가 자주 먹는 콩,
우리는 콩에 대해 얼마나 알고 있을까요?

❷ 한 걸음 더 들어가는 **불**
유다정 글 | 심지수 그림
값 14,000원

언제나 우리와 함께하는 불,
여러분은 불에 대해 얼마나 알고 있나요?

❸ 한 걸음 더 들어가는 **돼지**
유다정 글 | 심지수 그림
값 14,000원

언제나 우리와 함께한 돼지,
여러분은 돼지를 얼마나 알고 있나요?

〈한 걸음 더 어린이 인문학〉 시리즈는 계속 출간됩니다.